힘내라! 독학 일본어 첫걸음

유세미 지음

미니북
- 주요 단어와 회화
- 여행 일본어

🎓다락원

차례

| 주요 단어와 회화 ············ 3 |

| 여행 일본어 ············ 47 |

주요 단어와 회화

01 わたしは がくせいです。

단어　　　　　　　　　　　　　　🎧 track 3-001

- □ わたし 나, 저
- □ あなた 당신
- □ かのじょ 그녀, 여자친구
- □ かれ 그, 그 남자
- □ おとこ 남자, 남성
- □ ひと 사람
- □ ともだち 친구
- □ かんこくじん 한국인
- □ にほんじん 일본인
- □ アメリカじん 미국인
- □ えいご 영어
- □ おんがく 음악
- □ がくせい 학생
- □ せんせい 선생님
- □ かいしゃいん 회사원
- □ べんごし 변호사
- □ いちご 딸기
- □ りんご 사과
- □ くだもの 과일
- □ トマト 토마토
- □ さる 원숭이

- □ どうぶつ 동물

- □ こちら 이쪽, 이분

- □ はじめまして 처음뵙겠습니다

- □ どうぞ 부디, 아무쪼록

- □ よろしく 잘 (부탁합니다)

- □ おねがいします 부탁합니다

| 회화문 | track **3-002** |

なかた	スミスさん、こちらは イセホさんです。わたしの ともだちです。
スミス	はじめまして。スミスです。どうぞ、よろしく おねがいします。
イセホ	はじめまして。イセホです。わたしは がくせいです。
スミス	セホさんも にほんじんですか。
イセホ	いいえ、にほんじんじゃ ありません。かんこくじんです。
スミス	ああ、そうですか。
なかた	スミスさんは えいごの せんせいです。

나카타	스미스 씨, 이분은 이세호 씨입니다. 나의 친구입니다.
스미스	처음 뵙겠습니다. 스미스입니다. 아무쪼록 잘 부탁합니다.
이세호	처음 뵙겠습니다. 이세호입니다. 나는 학생입니다.
스미스	세호 씨도 일본인인가요?
이세호	아니요, 일본인이 아닙니다. 한국인입니다.
스미스	아, 그렇습니까?
나카타	스미스 씨는 영어 선생님입니다.

02 なんじですか。

단어　　　　　　　　　　　　　　　　　🎧 track 3-003

- □ きょう 오늘
- □ あした 내일
- □ いま 지금
- □ いつ 언제
- □ なんじ 몇 시
- □ なんぷん 몇 분
- □ なんようび 무슨 요일
- □ ～ようび ～요일
- □ ごぜん 오전
- □ ごご 오후
- □ じゅぎょう 수업
- □ かいぎ 회의
- □ テスト 테스트, 시험
- □ やすみ 휴일, 휴식
- □ ～のとき ～할 때, ～였을 때
- □ おちゃ 차(주로 녹차)
- □ コーヒー 커피
- □ ジュース 주스
- □ ミルク 우유
- □ そうです 그렇습니다

회화문

track **3-004**

キムジウ　きょうは　なんようびですか。

ゆき　　　げつようびです。

キムジウ　きょうは　かいぎですね。

ゆき　　　はい、そうです。

キムジウ　かいぎは　なんじですか。

ゆき　　　ごご　さんじ　じゅっぷんからです。

キムジウ　あしたの　かいぎは　なんじからですか。

ゆき　　　ごぜん　くじから　じゅういちじまでです。

キムジウ　かいぎの　とき、コーヒー　ごはい
　　　　　おねがいします。

ゆき　　　はい。

김지우	오늘은 무슨 요일입니까?
유키	월요일입니다.
김지우	오늘 회의지요?
유키	네, 그렇습니다.
김지우	회의는 몇 시입니까?
유키	오후 3시 10분부터입니다.
김지우	내일 회의는 몇 시부터인가요?
유키	오전 9시부터 11시까지입니다.
김지우	회의 때, 커피 다섯 잔 부탁해요.
유키	네.

03 たんじょうびは きのうでした。

단어

- きのう 어제
- ゆうべ 어젯밤, 어제 저녁
- せんしゅう 지난주
- こんしゅう 이번 주
- らいしゅう 다음 주
- せんげつ 지난달
- こんげつ 이번 달
- らいげつ 다음 달
- きょねん 작년
- ことし 올해, 금년
- らいねん 내년
- なんがつ 몇 월
- なんにち 며칠
- いつから 언제부터
- たんじょうび 생일
- おしょうがつ 정월, 설날
- クリスマス 크리스마스
- コンサート 콘서트, 공연
- こどものひ 어린이날
- バレンタインデー 밸런타인데이
- にゅうがくしき 입학식
- デパート 백화점

- ☐ **セール** 세일
- ☐ **かさ** 우산
- ☐ **かばん** 가방
- ☐ **ぼうし** 모자
- ☐ **みず** 물
- ☐ **しごと** 일

- ☐ **これ** 이것
- ☐ **かね** 돈
- ☐ **プレゼント** 선물
- ☐ **さら** 접시
- ☐ **ゆき** 눈
- ☐ **おめでとう** 축하해, 축하합니다

회화문

track 3-006

なかた	それは なんですか。
イセホ	これは たんじょうびの プレゼントです。
なかた	セホさん、きょう、おたんじょうびですか。
イセホ	いいえ、きょうじゃ ありません。 きのうでした。
なかた	あ、そうですか。おめでとう。
イセホ	なかたさん、きのう、やすみでしたか。
なかた	いいえ、やすみじゃ ありませんでした。
イセホ	やすみは いつからですか。
なかた	やすみは くがつ にじゅうよっかからです。

나카타	그건 뭐예요?
이세호	이건 생일 선물이에요.
나카타	세호 씨, 오늘 생일이에요?
이세호	아니요. 오늘이 아니에요. 어제였습니다.
나카타	아, 그래요? 축하해요.
이세호	나카타 씨, 어제 휴일이었나요?
나카타	아니요, 휴일이 아니었습니다.
이세호	휴일은 언제부터예요?
나카타	휴일은 9월 24일부터예요.

04 まじめな ひとです。

단어　　　　　　　　　　　　　　　　　track 3-007

- かぞく 가족
- いもうと(さん) 여동생(분)
- おとうと(さん) 남동생(분)
- かぞくしゃしん 가족사진
- だれ 누구
- その 그
- どんな 어떤
- がっこう 학교
- けいたい 휴대폰
- ソファー 소파
- はな 꽃
- へや 방
- ところ 곳
- もんだい 문제
- りょうり 요리
- かんたんだ 간단하다
- きれいだ 예쁘다, 깨끗하다
- げんきだ 건강하다, 활발하다
- しずかだ 조용하다
- たいへんだ 큰일이다, 힘들다
- ハンサムだ 잘생겼다
- ひまだ 한가하다
- べんりだ 편리하다
- まじめだ 성실하다
- らくだ 편하다, 편안하다
- そうです 그렇습니다

회화문

track **3-008**

なかた　　あの、それは　かぞくしゃしんですか。

イセホ　　はい、そうです。

なかた　　この　ひとは　だれですか。

イセホ　　その　ひとは　わたしの　いもうとです。

なかた　　いもうとさんは　どんな　ひとですか。

イセホ　　いもうとは　まじめな　ひとです。

なかた　　じゃ、この　ひとは　だれですか。

イセホ　　わたしの　おとうとです。

なかた　　おとうとさん、ハンサムですね。

イセホ　　いいえ、いいえ、ハンサムじゃ　ありません。

나카타	저, 그건 가족사진인가요?
이세호	네, 그래요.
나카타	이 사람은 누구인가요?
이세호	그 사람은 제 여동생이에요.
나카타	여동생 분은 어떤 사람인가요?
이세호	여동생은 성실한 사람입니다.
나카타	그럼, 이 사람은 누구인가요?
이세호	제 남동생입니다.
나카타	남동생 분, 잘생겼네요.
이세호	아뇨, 아뇨. 잘생기지 않았어요.

05 あの あかい かばん、かわいいですね。

단어

- **キムチ** 김치
- **しお** 소금
- **ラーメン** 라면
- **うみ** 바다
- **とけい** 시계
- **ふゆ** 겨울
- **パソコン** 컴퓨터
- **あおい** 파랗다, 푸르다
- **くろい** 검다
- **さむい** 춥다
- **おいしい** 맛있다
- **ケーキ** 케이크
- **パン** 빵
- **そら** 하늘
- **てんき** 날씨
- **なつ** 여름
- **ハワイ** 하와이
- **かいしゃ** 회사
- **あかい** 빨갛다
- **あつい** 뜨겁다, 덥다
- **あまい** 달다
- **からい** 맵다

- [ ] **かわいい** 귀엽다
- [ ] **ちかい** 가깝다
- [ ] **ふるい** 낡다, 오래되다
- [ ] **いくら** 얼마
- [ ] **〜ウォン** ~원(한국 화폐)
- [ ] **たかい** 높다, 비싸다
- [ ] **ひろい** 넓다
- [ ] **せが たかい** 키가 크다
- [ ] **〜えん(円)** ~엔(일본 화폐)
- [ ] **〜ドル** ~달러(미국 화폐)
- [ ] **すみません** 죄송합니다, 실례합니다
- [ ] **いらっしゃいませ** 어서 오세요

회화문

track **3-010**

てんいん	いらっしゃいませ。
なかた	あの あかい かばん かわいいですね。
ゆき	そうですね。 すみません。 あの あかい かばん、いくらですか。
てんいん	にまん ななせんえんです。
ゆき	たかいですね。
なかた	その くろい かばんは いくらですか。
てんいん	これは きゅうせんえんです。
ゆき	それは たかく ありませんね。 じゃ、くろい かばん ください。

점원	어서 오세요.
나카타	저 빨간 가방 예쁘네요.
유키	그렇네요. 실례합니다. 저 빨간 가방, 얼마인가요?
점원	2만 7000엔입니다.
유키	비싸네요.
나카타	그 검은 가방은 얼마입니까?
점원	이것은 9000엔입니다.
유키	그것은 비싸지 않네요. 그럼, 검은 가방 주세요.

06 海が きれいで、あつい ところです。

단어 🎧 track 3-011

- 日本語(にほんご) 일본어
- べんきょう 공부
- りょこう 여행
- うんてん 운전
- そうじ 청소
- りょうり 요리
- うんどう 운동
- すいえい 수영
- テニス 테니스
- サッカー 축구
- お菓子(かし) 과자
- 車(くるま) 자동차
- 好(す)きだ 좋아하다
- きらいだ 싫다, 싫어하다
- 上手(じょうず)だ 잘하다, 능숙하다
- 下手(へた)だ 서툴다, 잘 못하다
- しんせつだ 친절하다
- すてきだ 멋지다
- せまい 좁다
- 新(あたら)しい 새롭다
- やさしい 다정하다, 상냥하다

- □ **それで** 그래서

- □ **どちら** 어느 쪽

- □ **北海道**(ほっかいどう) 홋카이도(지명)

- □ **沖縄**(おきなわ) 오키나와(지명)

회화문

🎧 track 3-012

キムジウ	ゆきさん、北海道は どんな ところですか。
ゆき	さむくて 雪が おおい ところです。
キムジウ	じゃ、沖縄は どんな ところですか。
ゆき	海が きれいで あつい ところですよ。
キムジウ	ゆきさんは 北海道と 沖縄と どちらが 好きですか。
ゆき	わたしは 北海道より 沖縄の ほうが 好きです。 ジウさんは どちらが 好きですか。
キムジウ	わたしは あついのが きらいです。 それで 沖縄より 北海道の ほうが 好きですね。

김지우	유키 씨, 홋카이도는 어떤 곳인가요?
유키	춥고, 눈이 많은 곳이에요.
김지우	그럼, 오키나와는 어떤 곳인가요?
유키	바다가 예쁘고, 더운 곳입니다.
김지우	유키 씨는 홋카이도와 오키나와 중 어느 쪽을 좋아하세요?
유키	저는 홋카이도보다 오키나와 쪽을 좋아해요. 지우 씨는 어느 쪽이 좋아요?
김지우	저는 더운 것을 싫어해요. 그래서 오키나와보다 홋카이도가 좋습니다.

07 とても 楽しかったです。

단어

track 3-013

- 食(た)べ物(もの) 음식, 먹을것
- 映画(えいが) 영화
- えいがかん 영화관
- ぎんこう 은행
- こうえん 공원
- こうつう 교통
- 週末(しゅうまつ) 주말
- びょういん 병원
- ホテル 호텔
- まち 길, 거리
- 大丈夫(だいじょうぶ)だ 괜찮다
- 不便(ふべん)だ 불편하다
- 有名(ゆうめい)だ 유명하다
- あたたかい 따뜻하다
- いい/よい 좋다
- 多(おお)い 많다
- おもしろい 재미있다
- 楽(たの)しい 즐겁다
- 京都(きょうと) 교토(지명)
- 金閣寺(きんかくじ) 금각사
- どこ 어디
- 一番(いちばん) 가장

- [ ] とても 매우, 아주
- [ ] ～中(なか)で ～중에서
- [ ] 何(なに)が 무엇이
- [ ] お久(ひさ)しぶりですね 오랜만이네요
- [ ] どうでしたか 어땠나요?

회화문

track 3-014

ゆき　　セホさん、お久(ひさ)しぶりですね。
　　　　京都(きょうと)の 旅行(りょこう)は どうでしたか。

イセホ　とても 楽(たの)しかったです。

ゆき　　京都(きょうと)の どこが 一番(いちばん) よかったですか。

イセホ　金閣寺(きんかくじ)が 一番(いちばん) よかったです。

ゆき　　人(ひと)は 多(おお)く ありませんでしたか。

イセホ　多(おお)かったですが、不便(ふべん)じゃ ありませんでした。

ゆき　　ホテルは どうでしたか。

イセホ　広(ひろ)くて 楽(らく)でした。

유키	세호 씨, 오랜만이네요. 교토 여행은 어땠어요?
이세호	굉장히 즐거웠어요.
유키	교토의 어디가 가장 좋았어요?
이세호	금각사가 가장 좋았습니다.
유키	사람은 많지 않았어요?
이세호	많았지만, 불편하지 않았어요.
유키	호텔은 어땠어요?
이세호	넓고 편했습니다.

08 テーブルの 上に あります。

단어　　　　　　　　　　　　　　　　　　　　　🎧 track **3-015**

- 上<ruby>うえ</ruby> 위
- 下<ruby>した</ruby> 아래
- 中<ruby>なか</ruby> 안, 속
- 外<ruby>そと</ruby> 밖
- 右<ruby>みぎ</ruby> 오른쪽
- 左<ruby>ひだり</ruby> 왼쪽
- 前<ruby>まえ</ruby> 앞
- 後<ruby>うし</ruby>ろ 뒤
- となり 옆, 곁, 이웃
- よこ 옆
- テーブル 테이블
- エレベーター 엘리베이터
- 三階<ruby>さんがい</ruby> 3층
- 何階<ruby>なんがい</ruby> 몇 층
- きょうしつ 교실
- かいぎしつ 회의실
- じむしつ 사무실
- トイレ 화장실
- ビル 빌딩, 건물
- 何人<ruby>なんにん</ruby> 몇 명
- 部長<ruby>ぶちょう</ruby> 부장님
- ねこ 고양이

- 犬 개
- だれが 누가
- えんぴつ 연필
- ドア 문
- 何も 무엇도, 아무것도

- だれも 누구도, 아무도
- いくつ 몇 개
- つくえ 책상
- れいぞうこ 냉장고

회화문   track 3-016

ゆき	ジウさん、お菓子は どこに ありますか。
キムジウ	れいぞうこの よこに 一つ あります。
ゆき	コーヒーは どこですか。
キムジウ	テーブルの 上に あります。
ゆき	お茶も ありますか。
キムジウ	いいえ、お茶は ありません。 ゆきさん、かいぎしつに 何人 いますか。
ゆき	十人 います。
キムジウ	部長も いますか。
ゆき	いいえ、いません。 部長は 三階の じむしつに います。

유키	지우 씨, 과자는 어디에 있나요?
김지우	냉장고 옆에 한 개 있어요.
유키	커피는 어디에 있어요?
김지우	테이블 위에 있어요.
유키	차도 있나요?
김지우	아뇨, 차는 없어요. 유키 씨, 회의실에 몇 명 있나요?
유키	10명 있습니다.
김지우	부장님도 있나요?
유키	아뇨, 없습니다. 부장님은 3층 사무실에 있습니다.

09 週末は たいてい 何を しますか。

단어　　　　　　　　　　　　　　　　　　　track 3-017

- 朝 아침
- 夜 저녁, 밤
- 毎日 매일
- 日記 일기
- 日本小説 일본소설
- アニメ 애니메이션, 만화영화
- バス 버스
- ピアノ 피아노
- コート 코트
- ごはん 밥, 식사
- すぐ 곧, 바로
- また 또, 다시
- もちろん 물론
- よく 잘, 자주
- たいてい 대개, 주로
- ときどき 때때로, 가끔
- はやく 빨리
- おそく 늦게
- すごい 대단하다
- 起きる 일어나다
- 食べる 먹다
- 飲む 마시다

- □ 読^よむ 읽다
- □ 書^かく 쓰다, 적다
- □ おしえる 가르치다
- □ 待^まつ 기다리다
- □ 会^あう 만나다
- □ 作^{つく}る 만들다
- □ 呼^よぶ 부르다
- □ 電話^{でんわ}を かける 전화를 걸다
- □ 〜とか 〜라든지
- □ 歌^{うた}う 노래하다
- □ 話^{はな}す 말하다, 이야기하다
- □ 勉強^{べんきょう}する 공부하다
- □ 買^かう 사다, 구입하다
- □ 乗^のる 타다
- □ 脱^ぬぐ 벗다
- □ 寝^ねる 자다, 잠자다
- □ お風呂^{ふろ}に 入^{はい}る 목욕하다

会話文

🎧 track 3-018

ゆき	セホさん、それは 日本小説(にほんしょうせつ)ですね。 よく 読(よ)みますか。
イセホ	はい、小説(しょうせつ)が 好(す)きで 毎日(まいにち) 読(よ)みます。
ゆき	セホさん、すごいですね。 日本(にほん)の アニメとか 映画(えいが)も 見(み)ますか。
イセホ	もちろんです。よく 見(み)ます。
ゆき	週末(しゅうまつ)は たいてい 何(なに)を しますか。
イセホ	たいてい うんどうを します。
ゆき	誰(だれ)と しますか。
イセホ	弟(おとうと)と すいえいを します。

유키	세호 씨, 그것은 일본소설이네요. 자주 읽나요?
이세호	네, 소설을 좋아해서 매일 읽어요.
유키	세호 씨, 대단하네요. 일본 만화영화라든가 영화도 보나요?
이세호	물론입니다. 자주 봅니다.
유키	주말에는 주로 무엇을 하나요?
이세호	주로 운동을 해요.
유키	누구와 하나요?
이세호	남동생과 수영을 합니다.

10 家で 勉強を しました。

단어

🎧 track 3-019

- □ けさ 오늘 아침
- □ 服 옷
- □ やさい 야채, 채소
- □ ハンバーガー 햄버거
- □ 図書館 도서관
- □ 電車 전철
- □ 地下鉄 지하철
- □ 〜で 〜에서, 〜으로
- □ 〜に 〜에, 〜으로
- □ 〜へ 〜에, 〜으로
- □ あまり 그다지, 별로
- □ 何で 무엇으로, 어떻게
- □ ぜんぜん 전혀
- □ これから 이제부터, 앞으로
- □ 帰る 돌아가다
- □ 終わる 끝나다
- □ テレビを 見る 텔레비전을 보다
- □ パソコンを 使う 컴퓨터를 사용하다
- □ シャワーを あびる 샤워를 하다

☐ タバコを すう 담배를 피우다

☐ お酒を 飲む 술을 마시다

☐ りょうりを 作る 요리를 만들다

☐ そうじを する 청소를 하다

☐ 音楽を きく 음악을 듣다

회화문

なかた　　セホさん、今、家に 帰りますか。

イセホ　　いいえ、図書館に 行きます。

なかた　　そうですか。セホさんは 図書館に よく 行きますか。

イセホ　　いいえ、あまり 行きませんが、
　　　　　明日 テストが あります。

なかた　　昨日も 行きましたか。

イセホ　　いいえ、昨日は 行きませんでした。
　　　　　家で 勉強を しました。

なかた　　私は 今日 終わりましたが、
　　　　　セホさんは いつまでですか。

イセホ　　水ようびまでです。

なかた　　じゃ、明日も 図書館ですね。

イセホ　　明日は 友だちの 家で 勉強します。
　　　　　なかたさんは 家まで 何で 帰りますか。

なかた　　電車で 行きます。

해석은 다음 페이지에

나카타	세호 씨, 지금 집에 가요?
이세호	아뇨, 도서관에 가요.
나카타	그렇습니까? 세호 씨는 도서관에 자주 가나요?
이세호	아니요, 그다지 가지 않지만, 내일 시험이 있어요.
나카타	어제도 갔었나요?
이세호	아니요, 어제는 가지 않았어요. 집에서 공부를 했습니다.
나카타	나는 오늘 끝났는데, 세호 씨는 언제까지입니까?
이세호	수요일까지입니다.
나카타	그럼 내일도 도서관이군요.
이세호	내일은 친구네 집에서 공부할 거예요. 나카타 씨는 집까지 어떻게 돌아가나요?
나카타	전철로 가요.

11 食事に 行きませんか。

단어 🎧 track **3-021**

- お腹 배(신체)
- ピザ 피자
- 昼 낮, 점심
- 買い物 장보기, 쇼핑
- 一緒に 함께, 같이
- 後 뒤, 다음
- 歩く 걷다
- 出かける 나가다, 외출하다
- どうですか 어때요?
- お茶を 飲む 차를 마시다
- 散歩を する 산책을 하다

- トンカツ 돈가스
- 食事 식사
- くつ 신발, 구두
- ちょっと 좀, 잠깐
- 何も 아무것도
- ～でも ～라도
- 借りる 빌리다
- いっぱいだ 가득이다
- ごはんを 食べる 밥을 먹다
- 服を 買う 옷을 사다
- 新聞を 読む 신문을 읽다

- 歌を 歌う 노래를 부르다
- 恋人に 会う 연인을 만나다
- 会議を する 회의를 하다
- ドライブを する 드라이브를 하다

회화문

track 3-022

ゆき　　ジウさん、仕事の 後 食事に 行きませんか。

キムジウ　いいですね。行きましょう。

ゆき　　ジウさんは 何が 食べたいですか。

キムジウ　トンカツが 食べたいですが、ゆきさんは どうですか。

ゆき　　トンカツですか。
　　　　すみません、それは ちょっと…。
　　　　昼に 食べました。ピザは どうですか。

キムジウ　ピザも いいですよ。

ゆき　　じゃ、ピザを 食べに 行きましょう。

キムジウ　ああ、お腹 いっぱいですね。
　　　　ちょっと 歩きましょうか。

ゆき　　はい、歩きながら 話しましょう。

해석은 다음 페이지에

유키	지우 씨, 일이 끝난 뒤 식사하러 가지 않을래요?
김지우	좋아요. 가요.
유키	지우 씨는 무엇을 먹고 싶습니까?
김지우	돈가스를 먹고 싶은데, 유키 씨는 어때요?
유키	돈가스요? 죄송해요. 그건 좀…. 점심에 먹었어요. 피자는 어때요?
김지우	피자도 좋아요.
유키	그럼, 피자 먹으러 가요.
김지우	아아, 배부르네요. 잠깐 걸을까요?
유키	네, 걸으면서 이야기해요.

12 早く 準備して ください。

단어　　　　　　　　　　　　　　　🎧 track 3-023

- 顔(かお) 얼굴
- ドラマ 드라마
- たまご 달걀, 계란
- 資料(しりょう) 자료
- 泳ぐ(およぐ) 헤엄치다
- できる 완성되다, 할 수 있다
- 始める(はじめる) 시작하다
- もうすぐ 곧
- いっしょうけんめい 열심히
- いすに 座る(すわる) 의자에 앉다
- 手を 洗う(てをあらう) 손을 씻다

- チケット 티켓, 표
- メモ 메모
- さとう 설탕
- 準備(じゅんび) 준비
- 見せる(みせる) 보여주다
- 分かる(わかる) 알다, 이해하다
- まだ 아직
- 本当に(ほんとうに) 정말
- ここに 여기에
- 写真を とる(しゃしんをとる) 사진을 찍다
- 宿題を する(しゅくだいをする) 숙제를 하다

- ☐ 窓を 開ける 창문을 열다　☐ 窓を 閉める 창문을 닫다

- ☐ 歯を みがく 이를 닦다

- ☐ ピアノを ひく 피아노를 치다

- ☐ 電気を つける 전기를 켜다

- ☐ スーパーに 行く 슈퍼에 가다

- ☐ おつかれさまでした 수고하셨습니다

- ☐ お先に 失礼します 먼저 실례하겠습니다

회화문

部長　　キムさん、会議の 資料は できましたか。

キムジウ　すみません。今、作って います。

部長　　ええ、まだですか。
　　　　早く 準備して ください。
　　　　会議は もう すぐですよ。

キムジウ　はい、分かりました。

～～～～～～～～～～～～～～～～～～～～～～～～

ゆき　　今日の 会議は 大変でしたね。

キムジウ　そうでしたね。
　　　　ゆきさん、これから 何を しますか。

ゆき　　友だちに 会って、飲みに 行きます。
　　　　お先に 失礼します。

キムジウ　はい、今日は 本当に おつかれさまでした。

해석은 다음 페이지에

부장님	김 씨, 회의 자료는 다 되었습니까?
김지우	죄송합니다. 지금 만들고 있습니다.
부장님	네? 아직입니까? 빨리 준비해 주세요. 회의가 곧 시작됩니다.
김지우	네, 알겠습니다.
유키	오늘 회의는 힘들었죠?
김지우	그랬어요. 유키 씨, 지금부터 무엇을 할 거예요?
유키	친구를 만나서 술 마시러 가려고요. 먼저 실례하겠습니다.
김지우	네, 오늘은 정말 수고하셨습니다.

13 お台場に 行った ことが ありますか。

단어 track 3-025

- 最近 최근, 요즘
- 恋人 연인, 애인
- 後輩 후배
- 恋愛 연애
- 場所 장소
- うらやましい 부럽다
- 止める 멈추다, 세우다
- 何か 뭔가
- どうやって 어떻게, 어떻게 해서
- 映画を 見る 영화를 보다
- 地下鉄に 乗る 지하철을 타다
- いいこと 좋은 일
- 大学 대학, 대학교
- デート 데이트
- さいふ 지갑
- お台場 오다이바(지명)
- 忘れる 잊다
- 遊ぶ 놀다
- 実は 실은, 사실은

- □ メールを 送る 메일을 보내다
- □ 家で 休む 집에서 쉬다
- □ 出張に 行く 출장을 가다
- □ 外国語を 習う 외국어를 배우다
- □ 芸能人を 見る 연예인을 보다
- □ すしを 食べる 초밥을 먹다
- □ キムチを 作る 김치를 만들다

회화문

🎧 track 3-026

イセホ	なかたさん、最近 元気ですね。 何か いい ことでも ありますか。
なかた	実は、ぼく、恋人が できました。
イセホ	本当ですか。おめでとうございます。 どうやって 会いましたか。
なかた	大学の 後輩です。
イセホ	そうですか。デートの 時、たいてい 何を しますか。
なかた	ドライブを したり、おいしい ものを 食べたり します。
イセホ	お台場に 行った ことが ありますか。
なかた	いいえ、行った ことが ありません。
イセホ	デートの 時、いい 場所ですよ。 恋愛、うらやましいですね。

이세호	나카타 씨, 요새 활기가 넘치네요. 뭔가 좋은 일이라도 있어요?
나카타	실은 저, 애인이 생겼어요.
이세호	정말이에요? 축하해요. 어떻게 만났어요?
나카타	대학 후배예요.
이세호	그래요? 데이트할 때 주로 뭘 하나요?
나카타	드라이브를 하기도 하고, 맛있는 걸 먹기도 해요.
이세호	오다이바에 간 적이 있나요?
나카타	아뇨, 간 적이 없습니다.
이세호	데이트할 때 좋은 장소지요. 연애라, 부럽네요.

14 ナイフを 使っても いいですか。

단어

- 日本料理(にほんりょうり) 일본요리
- サンドイッチ 샌드위치
- ゆで卵(たまご) 삶은 달걀
- ナイフ 칼, 나이프
- ピアス 귀걸이
- 予約(よやく) 예약
- ゆっくり 천천히, 느긋하게
- うすい 엷다, 흐리다
- 休(やす)む 쉬다
- 走(はし)る 달리다, 뛰다
- セーターを 着(き)る 스웨터를 입다
- お弁当(べんとう) 도시락
- 材料(ざいりょう) 재료
- しょうゆ 간장
- 味(あじ) 맛
- しばふ 잔디밭
- 一度(いちど) 한 번
- 今(いま)から 지금부터
- あぶない 위험하다
- 入(い)れる 넣다
- 薬(くすり)を 飲(の)む 약을 먹다

☐ ワンピースを 着る 원피스를 입다

☐ スカートを はく 치마를 입다

☐ くつを はく 신발을 신다

☐ エプロンを かける 앞치마를 입다

☐ めがねを かける 안경을 쓰다

☐ ぼうしを かぶる 모자를 쓰다

☐ ネックレスを する 목걸이를 하다

☐ ベルトを する 벨트를 하다

회화문

🎧 track 3-028

先生 みなさん、手を 洗いましたか。

学生1 はい。エプロンも かけて います。

先生 じゃ、今から サンドイッチを 作って みましょう。

学生2 先生、ナイフを 使っても いいですか。

先生 いいえ、使っては いけません。あぶないですよ。
材料は テーブルの 上に 準備して おきました。

学生2 はい、分かりました。

学生1 先生、ゆで卵の 味が うすいです。
しょうゆを 入れても いいですか。

先生 しょうゆより しおを 入れた ほうが いいですよ。

学生1 はい。分かりました。

선생님	여러분, 손을 씻었나요?
학생1	네, 앞치마도 입었습니다.
선생님	그럼, 지금부터 샌드위치를 만들어 봐요.
학생2	선생님, 칼을 사용해도 되나요?
선생님	아니요, 사용하면 안 됩니다. 위험해요. 재료는 테이블 위에 준비해 놓았습니다.
학생2	네, 알겠습니다.
학생1	선생님, 삶은 달걀의 맛이 싱거워요. 간장을 넣어도 될까요?
선생님	간장보다 소금을 넣는 게 좋아요.
학생1	네, 알겠습니다.

여행 일본어

01 출국	**05** 쇼핑
02 교통	**06** 관광
03 숙박	**07** 귀국
04 식당	

01 출국

track **4-001**

パスポート	チケット
여권	티켓, 표

座席(ざせき)
좌석

シートベルト
좌석벨트, 안전벨트

毛布(もうふ)
모포, 담요

ヘッドセット
헤드셋

飲み物(のみもの)
마실 것, 음료수

入国カード(にゅうこく)
입국신고서

到着(とうちゃく)
도착

ビジネス
비즈니스, 사무

旅行(りょこう)
여행

荷物(にもつ)
짐

🦻 들을 말

track **4-002**

여권과 티켓을 보여 주세요.

파스뽀-또또 치켓-또오 미세떼 쿠다사이.
パスポートと チケットを みせて ください。

음료는 무엇으로 하시겠습니까?

오노미모노와 나니니 나사이마스까?
お飲み物は 何に なさいますか。

좌석벨트를 매 주세요.

시-또베루또오 오시메 쿠다사이.
シートベルトを おしめ ください。

곧 도착합니다.

마모나꾸 토-쨔끄시마스.
まもなく 到着します。

👄 할 말

담요를 주세요.

모-후오 쿠다사이.
毛布を ください。

여행으로 왔습니다.

료꼬-니 키마시따.
旅行に 来ました。

제 짐이 보이지 않습니다.

와따시노 니모쯔가 미쯔카리마셍-.
私の 荷物が 見つかりません。

02 교통

track **4-003**

バス 버스	でんしゃ 電車 전철
ちかてつ 地下鉄 지하철	タクシー 택시
てい バス停 버스 정류장	えき 駅 역
ターミナル 터미널	りょうきん 料金 요금
きっぷ 切符 표	でぐち 出口 출구
わす もの 忘れ物 유실물, 잃어버린 물건	の か 乗り換える 갈아타다, 환승하다

⋛⃝ 들을 말

track **4-004**

잠시후 신주쿠행 전철이 들어옵니다.

마모나꾸 신-쥬쿠유끼노 덴-샤가 마이리마스.

まもなく、新宿行きの 電車が まいります。

문이 닫힙니다. 주의하시기 바랍니다.

도아가 시마리마스. 고츄-이 쿠다사이.

ドアが 閉まります。ご注意 ください。

다음은 신주쿠, 신주쿠역입니다.

츠기와 신-쥬쿠, 신-쥬쿠에끼데스.

次は 新宿、新宿駅です。

👄 할 말

버스 정류장은 어디인가요?

바스테-와 도코데스까?

バス停は どこですか。

요금은 얼마인가요?

료-킹-와 이꾸라데스까?

料金は いくらですか。

서쪽 출구는 어디인가요?

니시구치와 도코데스까?

西口は どこですか。

03 숙박

🎧 track 4-005

チェックイン 체크인	**チェックアウト** 체크아웃
フロント 프런트	**ロビー** 로비
キー 키, 열쇠	**ルームサービス** 룸서비스
ワイファイ 와이파이	**貴重品**(きちょうひん) 귀중품
予約(よやく) 예약	**朝食**(ちょうしょく) 조식, 아침
部屋(へや) 방, 객실	**掃除**(そうじ) 청소

🗣 할 말

체크인 부탁합니다.

첵-꾸인- 오네가이시마스.
チェックイン お願いします。

예약했는데요.

요야꾸시딴-데스가.
予約したんですが。

조식은 몇 시부터 몇 시까지입니까?

쵸-쇼꾸와 난-지까라 난-지마데데스까?
朝食は 何時から 何時までですか。

와이파이는 쓸 수 있나요?

와이화이와 츠까에마스까?
ワイファイは 使えますか。

체크아웃은 몇 시입니까?

첵-꾸아우또와 난-지데스까?
チェックアウトは 何時ですか。

방을 청소해 주세요.

헤야오 소-지시떼 쿠다사이.
部屋を 掃除して ください。

04 식당

track **4-007**

レストラン 레스토랑, 식당	**何{なん}名{めい}様{さま}** 몇 분
禁{きん}煙{えん}席{せき} 금연석	**生{なま}ビール** 생맥주
メニュー 메뉴	**(ご)注{ちゅう}文{もん}** 주문
(お)持{も}ち帰{かえ}り 포장, 가지고 돌아감	**(お)勘{かん}定{じょう}** 계산
合{ごう}計{けい} 합계	**レシート** 영수증
現{げん}金{きん} 현금	**クレジットカード** 신용카드

⇝🦻 들을 말

몇 분이세요?

남-메-사마데스까?

何名様ですか。

주문은 정하셨나요?

고츄-몽-와 오키마리데쇼-까?

ご注文は お決まりでしょうか。

여기서 드시겠습니까, 아니면 포장하시겠습니까?

코치라데 오메시아가리데스까, 소레토모 오모찌카에리데스까?

こちらで お召し上がりですか、それとも お持ち帰りですか。

👄 할 말

금연석으로 부탁합니다.

킹-엔-세끼데 오네가이시마스.

禁煙席で お願いします。

이걸로 할게요.

코레니 시마스.

これに します。

계산해주세요.

오칸-죠- 오네가이시마스.

お勘定 お願いします。

현금으로 지불하겠습니다.

겡-킨-데 하라이마스.

現金で 払います。

05 쇼핑

お土産(みやげ) 기념품	デパート 백화점
コンビニ 편의점	サイズ 사이즈, 크기
試着(しちゃく) 입어봄	値段(ねだん) 가격, 값
割引(わりびき) 할인	お支払(しはら)い 지불, 결제
お返(かえ)し 거스름돈	交換(こうかん) 교환
返品(へんぴん) 반품	払(はら)い戻(もど)し 환불

⋛⃝ 들을 말 🎧 track **4-010**

찾으시는 것 있으신가요?

나니까 오사가시데스까?

何か お探しですか。

입어보세요.

시챠꾸시떼 미떼 쿠다사이.

試着して みて ください。

천천히 둘러보세요.

도-조 고육-꾸리 고랑- 쿠다사이.

どうぞ ごゆっくり ご覧 ください。

거스름돈 100엔입니다.

햐꾸엔-노 오카에시데스.

１００円の お返しです。

⋛⃝ 할 말

그냥 좀 보는 거예요.

촛-또 미루 다케데스.

ちょっと 見る だけです。

저걸 보여주세요.

아레오 미세떼 쿠다사이.

あれを 見せて ください。

죄송하지만, 이거 반품하고 싶은데요.

스미마셍-가, 코레 헴-뼁시따인-데스가.

すみませんが、 これ、 返品したいんですが。

06 관광

ツアー	투어, 관광
お寺(てら)	절
神社(じんじゃ)	신사
城(しろ)	성
温泉(おんせん)	온천
ディズニーランド	디즈니랜드
トイレ	화장실
パンフレット	팸플릿
案内所(あんないしょ)	안내소
入場料(にゅうじょうりょう)	입장료
地図(ちず)	지도
写真(しゃしん)	사진

⋛◉ 들을 말　　　　　　　　　　　🎧 track **4-012**

사진을 찍으면 안 됩니다.

샤싱-오 톳-떼와 이케마셍-.

写真を とっては いけません。

만지지 마세요.

사와라나이데 쿠다사이.

触らないで ください。

😋 할 말

디즈니랜드에 가고 싶은데요.

디즈니-란-도니 이키따인-데스가.

ディズニーランドに 行きたいんですが。

입장료는 얼마인가요?

뉴-죠-료-와 이꾸라데스까?

入場料は いくらですか。

팸플릿은 있나요?

팜-후렛-또와 아리마스까?

パンフレットは ありますか。

사진을 찍어도 되나요?

샤싱-오 톳-떼모 이이데스까?

写真を とっても いいですか。

07 귀국

track **4-013**

空港（くうこう） 공항	飛行機（ひこうき） 비행기
チェックイン 체크인	搭乗券（とうじょうけん） 탑승권
パスポート 여권	お知（し）らせ 알림, 안내
〜発（はつ） 〜(출)발	〜行（ゆ）き 〜행
搭乗（とうじょう）ゲート 탑승게이트	変更（へんこう） 변경
キャンセル 취소	免税店（めんぜいてん） 면세점

🎧 들을 말

track **4-014**

탑승객 여러분께 알려 드립니다.

토-죠-캬꾸노 미나사마니 오시라세 이타시마스.

搭乗客の 皆様に お知らせ いたします。
とうじょうきゃく　みなさま　　　　　し

탑승권과 여권을 준비해 주세요.

토-죠-켄-또 파스뽀-또오 고요-이 쿠다사이.

搭乗券と パスポートを ご用意 ください。
とうじょうけん　　　　　　　　　　よう い

서울행 비행기가 13번 게이트로 변경되었습니다.

소우루유끼노 히코-키가 쥬-삼-방-게-또니 헹-코-사레마시따.

ソウル行きの 飛行機が １３番ゲートに 変更されました。
　　　　ゆ　　ひ こう き　　じゅうさんばん　　　　へんこう

👄 할 말

비행기 예약을 취소하고 싶은데요.

히코-키노 요야꾸오 캰-세루시따인-데스가.

飛行機の 予約を キャンセルしたいんですが。
ひ こう き　よ やく

13번 게이트는 어디인가요?

쥬-삼-방-게-또와 도코데스까?

１３番ゲートは どこですか。
じゅうさんばん

빈 자리는 있나요?

쿠-세끼와 아리마스까?

空席は ありますか。
くうせき

힘내라! 독학 일본어 첫걸음

지은이	유세미
감수	정의상
펴낸이	정규도
펴낸곳	(주)다락원

책임편집	송화록, 손명숙, 임혜련, 김은경, 한누리, 임지인
디자인	땡스북스, 하태호(표지)
삽화	벼리(이태욱), 민효인(표지)

다락원

주소	경기도 파주시 문발로 211
내용문의	(02)736-2031 내선 460~466
구입문의	(02)736-2031 내선 250~252
	Fax: (02)732-2037
출판등록	1977년 9월 16일 제406-2008-000007호

Copyright © 2017, 유세미
저자 및 출판사의 허락 없이 이 책의 일부 또는 전부를 무단 복제·전재·발췌 할 수 없습니다. 구입 후 철회는 회사 내규에 부합하는 경우에 가능하므로 구입문의처에 문의하시기 바랍니다. 분실·파손 등에 따른 소비자 피해에 대해서는 공정거래위원회에서 고시한 소비자 분쟁 해결 기준에 따라 보상 가능합니다. 잘못된 책은 바꿔 드립니다.

http://www.darakwon.co.kr
· 다락원 홈페이지를 방문하시면 상세한 출판 정보와 함께 동영상 강의, MP3 자료 등 다양한 어학 정보를 얻으실 수 있습니다.
· 다락원 홈페이지에서 "힘내라! 독학 일본어 첫걸음"을 검색하시거나 표지의 QR코드를 스캔하시면 동영상 강의와 회화 무비 및 MP3 파일 등 관련자료를 이용하실 수 있습니다.